ORAISON FUNÈBRE

DE MADAME

MARIE-JOSEPHE DE SAXE,

DAUPHINE DE FRANCE.

ORAISON FUNÈBRE

DE TRÈS-HAUTE, TRÈS-PUISSANTE
ET EXCELLENTE PRINCESSE
MARIE-JOSEPHE DE SAXE,
DAUPHINE DE FRANCE;

Prononcée dans l'Eglise de Paris le 3 Septembre 1767

Par Meſſire Jean de Dieu-Raimond de Boisgelin de Cucé, Évêque de Lavaur.

A PARIS,

De l'Imprimerie de Herissant Père, Imprimeur du Cabinet du Roi,

Chez Herissant Fils, Libraire, rue Saint Jacques.

M. DCC. LXVII.

Avec Approbation et Permission.

ORAISON FUNÈBRE

DE MADAME

MARIE-JOSEPHE DE SAXE,

DAUPHINE DE FRANCE.

Memento Creatoris tui in diebus juventutis tuæ, antequam veniat tempus afflictionis.

Souvenez-vous du Seigneur votre Dieu dans les jours de votre jeunesse, avant que le temps de l'affliction soit venu. Ces paroles sont tirées de l'Ecclésiaste, ch. 12. v. 1.

MONSEIGNEUR,

UN joug pesant a été mis sur les enfans d'*Adam*, depuis celui qui s'assied dans la puissance & dans la gloire, jusqu'à celui qui se traîne sur la terre & dans la poussière (1) : Nul n'est

______

(1) *Jugum grave super filios Adam . . . A residente super sedem gloriosam, usque ad humiliatum in terra & cinere. Eccli. c.* 40. 1.

exempt des afflictions de la vie. Et quelle est la calamité qui, franchissant tous les obstacles & tous les intervalles , n'ait pas monté jusqu'au Trône, & porté l'amertume au cœur des Rois ? Ouvrez les annales du monde ; vous verrez qu'ils n'ont pas été plus épargnés que le reste des hommes.

Triste & vraiment désolante condition de la nature humaine ! elle admet ces foibles distinctions , que le pouvoir ou les honneurs, & souvent de vains noms sans effet ont introduites sur la terre ; mais nous ne connoissons encore aucun état qui soit celui du bonheur. Ni l'obscurité du simple citoyen ne peut assurer son repos , ni l'éclat dont brillent les jours des Souverains dissiper les ennuis, qui souvent obscurcissent leur front & flétrissent leur ame. Le malheur est par-tout : & s'il est quelqu'un parmi nous qui se laisse séduire aux apparences, qu'il contemple la vie de TRÈS-HAUTE, TRÈS-PUISSANTE ET EXCELLENTE PRINCESSE, MARIE-JOSEPHE DE SAXE, DAUPHINE DE FRANCE. Qu'il considère quelle fut cette Princesse infortunée, dans quel rang le Ciel la fit naître, à quel rang il l'avoit destinée, & par quelle suite trompeuse de grandeurs & de prospérités, la Providence la conduisoit insensiblement au comble du malheur.

Ah ! si son cœur, entraîné par l'illusion de ces grandeurs passagères, s'étoit égaré *du Seigneur son Dieu dans les jours de son jeune âge*, quelle eût été sa ressource & sa consolation au milieu de ses infortunes ? Le malheur

ouvre une carrière laborieuse, qui demande une ame forte,
un courage exercé. Madame la Dauphine, appelée à de
grandes épreuves, avoit besoin de s'y préparer par des vertus solides. Chrétiens, tel est ce regard secret de la Providence qui veille sur les Justes, & qui préside à tous leurs
pas. Ils ne sont point sans doute affranchis de l'inconstance
des événemens ; mais guidés par une invisible main, ils
s'avancent au milieu des ténèbres qui leur cachent l'avenir,
comme si leurs yeux éclairés en avoient percé les profon-
deurs. Dieu, qui destine cette Princesse à l'infortune, lui
donne une éducation pieuse & sévère : il lui suscite des malheurs dans son enfance, des obstacles dans sa jeunesse. Il la
consacre dès l'aurore de sa vie à la retraite, à la prière ; il la
dérobe à l'impression d'un bonheur qui n'est point dura-
ble : & soit qu'il se serve de ses penchans, ou qu'il les ré-
prime ; soit qu'il dompte ou perfectionne son caractère, il
rend, pour ainsi dire, toutes les circonstances instructives
pour elle : il la ramène sans cesse dans la voie étroite & dif-
ficile qui convient à sa véritable destinée. Elle subit le joug
rigoureux du devoir avant de porter celui du malheur :
elle nourrit dans le loisir des jours les plus heureux, ces
principes de force & de sagesse qui doivent la soutenir
dans les jours de son affliction.

Le temps de la prospérité fut pour elle ce qu'il devroit   Division.
être pour tous les hommes, un temps d'épreuves où son
ame se formoit aux vertus nécessaires à l'infortune, &
l'adversité n'a servi qu'à faire éclater ces mêmes vertus
que la prospérité n'avoit pu corrompre.

Monseigneur, j'invoquerai fur vous le Dieu qui fut fon guide & fon appui, je lui dirai : *Dieu de nos pères, Dieu de miféricorde* (1), vous voyez aux pieds de vos autels l'illuftre rejetton de ces époux vertueux, qui marchèrent devant vous dans les fentiers de la juftice & de la vérité ; rendez leurs vertus héréditaires, & non pas leurs malheurs. Privé de leurs leçons, qu'il s'inftruife par leurs exemples : *donnez-lui la connoiffance des jugemens équitables & des confeils utiles*, & que l'amour de votre religion fainte, lui révèle les principes *de cette véritable fageffe qui peut feule faire un jour fon bonheur & celui de fon peuple : ainfi fes actions feront agréables à vos yeux, & fa renommée fera long-temps chère à la poftérité.*

PREMIÈRE PARTIE, Si le rang le plus élevé n'eft point à l'abri des malheurs, pourquoi n'eft-il pas au moins à l'abri des illufions ? pourquoi faut-il que les princes foient éblouis, comme le vulgaire, de l'éclat qui les environne ? Il eft un funefte privilége de leur condition, celui de naître dans la profpérité. L'habitude de cette profpérité flatteufe trompe aifément leur jeuneffe inexpérimentée ; tout prévient leurs efpérances ; tout cède à leurs defirs : le cri de l'homme qui gémit, perdu dans l'éloignement, eft étranger pour eux ; & ce fentiment fi prompt, fi dangereux du pouvoir & de

---

(1) Deus patrum meorum, & Domine mifericordiæ, da mihi fedium tuarum affiftricem fapientiam....... quoniam fervus tuus fum ego, & filius ancillæ tuæ.... & erunt accepta opera mea, & difponam populum tuum juftè. *Sap.* 9. .....Et memoriam æternam his qui poft me futuri funt, relinquam. *Sap. c.* 8.

l'indépendance,

l'indépendance, eft un charme féducteur qui bannit pour long-tems la prévoyance & la crainte. Ah ! du moins les autres hommes s'exercent dès le premier âge ; ils apprennent l'ufage des forces dont ils auront befoin dans l'âge de l'action. Ils s'effaient par les privations ; ils rencontrent des obftacles ; ils fe mefurent avec leurs femblables ; & s'élevant avec effort & par degrés, ils acquièrent l'expérience, ils pofsèdent le courage.

La Religion feule ofe parler au cœur des Princes le langage trifte & févère qu'il leur eft utile d'entendre : elle explique les hommages des peuples ; elle rétracte les menfonges des Cours ; elle ne refpecte ni les vices, ni les erreurs ; elle leur montre des devoirs étendus, des obligations indifpenfables, des peines que le crime ne peut éviter, des récompenfes réfervées pour les vertus : elle leur fait comprendre auffi que Dieu n'a pas befoin pour les éprouver, de renverfer leur Trône, ni d'opérer de grandes révolutions ; leur malheur n'entraîne pas toujours celui de tout un peuple : elle leur envoie les craintes fages, les avertiffemens utiles. Par ces leçons fecrètes & profondes, elle accoutume leur ame aux penfées de l'avenir ; & les rendant fupérieurs à l'infortune par leurs fentimens, & non par leur puiffance, elle feule peut les inftruire dans la véritable fcience de l'humanité.

Née dans ce même rang pour en épuifer les revers, Madame la Dauphine n'en a point partagé la fatale fécurité. Dieu voulut écarter de fon enfance tous ces

préfentimens d'une longue félicité, fi fouvent & fi cruel-
lement démentis : expofée dès l'âge de douze ans à tous
les périls d'une fuite précipitée, elle a connu de bonne
heure la fortune qui trompe , & fes faveurs incertaines,
& les chagrins qui les fuivent. Ces triftes commencemens
d'une vie qui fembloit dévouée à l'adverfité , furent
toujours préfens à fon efprit, & le fouvenir de fes premières années ne lui rappeloit que des malheurs.

Noble & digne héritière d'une des branches de la
Maifon d'Autriche, fa courageufe mère lui montroit déja
l'exemple de ces vertus qui furent fi violemment exer-
cées & fi conftamment foutenues. La Reine de Pologne
a bien fait voir que le fang illuftre qui couloit dans fes
veines, n'avoit point dégénéré de ce même efprit de hauteur & de fermeté par lequel l'Allemagne aime à carac-
térifer la maifon de fes Céfars. Elle protégeoit alors fes
enfans au milieu des fatigues d'un voyage pénible &
malheureux ; laiffez les croître , laiffez les acquérir la
puiffance & la force ; qu'ils foient à l'abri des dangers,
ou capables de les partager, vous la verrez oppofer un
vifage inaltérable aux horreurs de la guerre : rien ne l'é-
tonnera, ni l'appareil effrayant des armes, ni ce fombre
éclat que la Victoire imprime au front d'un ennemi préfent. Dans la difperfion des armées, dans l'abandon des
affaires, elle reftera feule à fes États ; feule elle foutiendra
les intérêts de fon époux, de fes enfans, de fes fujets ;
& fuccombant à tant d'efforts, épuifée par fes chagrins,

elle remportera cette gloire, que ne peut lui ravir ni la foibleſſe de ſon ſexe, ni celle de ſon âge, de donner ſa vie même pour ſon peuple.

Dieu donc avoit confié l'éducation de la Princeſſe de Saxe à cette femme forte, afin que l'héritiere de ſes malheurs le fût auſſi de ſes vertus. Accoutumée à plier ſous des loix juſtes, dont l'autorité maternelle étoit la conſtante & perſuaſive interprète, elle chérit, elle reſpecta ſes devoirs avant de connoître ſes propres penchans ; elle apprit à ſoumettre ſes volontés, non-ſeulement à l'impérieuſe néceſſité, mais à l'empire non moins invariable de la règle ; elle entendit cette voix du Ciel qui parle inceſſamment à la terre par ſes anciens oracles, & par l'impreſſion frappante des événemens. Convaincue que la même main qui poſe un terme à la vie, marque auſſi la ligne qui doit en diriger la courſe, elle ne s'eſt jamais écartée de la voie que la Providence ſembloit preſcrire à ſes pas ; & dans cette carrière de la vraie ſageſſe, aucune erreur, aucune incertitude n'a pu ſuſpendre, ou détourner ſon admirable activité. L'amour de l'ordre devint ſa paſſion dominante, à laquelle toutes les autres étoient aſſujetties ; principe élevé, qui toujours ſupérieur à ſes goûts naturels, en perfectionnoit l'exercice, en prévenoit les abus. Elle avoit partagé ſes occupations avec cette ſcrupuleuſe exactitude que donne à l'ame raiſonnable la connoiſſance du véritable prix du temps ; &, ce qu'on auroit peine à croire, le dernier de ſes jours fut rempli comme les jours les plus tranquilles & les plus heureux. Tel avoit été le ſage & ſubit effort de cet efprit ferme & prématuré : l'on eût dit qu'ayant projeté d'abord le plan fixe de fa vie entière, elle n'avoit plus dans la fuite d'autre travail & d'autre foin, que d'exé-cuter l'ouvrage des penfées de fa jeuneffe.

Religion fainte, vous feule franchiffez les intervalles des années par lefquelles l'efprit humain parvient à fa maturité ! vous êtes l'utile flambeau qui l'éclaire dans les ténèbres de l'enfance : avant que l'expérience tardive donne un frein aux paffions, vous les avez fubjuguées par un fen-timent plus puiffant que les paffions, plus fûr que l'ex-périence ; vous êtes la force, le confeil, la raifon de tous les âges.

O Providence ! il fut un temps de vertige & d'erreur, où l'Allemagne, frappée par Luther, enfanta de tous côtés la difcorde & le fchifme : les Princes de Saxe rompirent les premiers le lien de l'unité Catholique ; ils abjurèrent le culte antique embraffé par Witikind ; ils allumèrent dans le fein de l'Europe ces haines fatales que les traités les plus fages ont à peine affoupies. Les révolutions que le fchifme opéra dans leur maifon, ne purent changer leurs cœurs : une branche eft retran-chée (*), une autre s'élève (**), & l'erreur domine avec le même empire. Telle on voit dans les livres faints la fuite étonnante de ces Rois d'Ifraël, imitateurs opiniâtres de ceux dont ils fervoient à punir les égaremens. Quelle lumière, ou quel miracle a tout-à-coup éclairé les Princes malgré l'aveuglement dont les peuples reftent frappés ? La Princeffe de Saxe répète les cantiques des vrais

(*) Jean-Frédéric.
(**) Mau-rice.

enfans de l'Eglife au milieu d'une nation qui leur eft étrangère; & Dieu, qui veille fur fa jeuneffe, la tranfporte
dans ce Royaume, où la vraie Religion femble avoir à
jamais établi fon empire.

Guidée par cette Religion fainte, marchant à fa lumière,
elle ne s'égare point au milieu de ces premiers écueils du
rang le plus flatteur & le plus dangereux. Qu'un fexe foible
triomphe par la féduction, & qu'empruntant les vices de
ceux auxquels il cherche à plaire, il rachète par une coupable fervitude un empire frivole, Madame la Dauphine
n'emploie d'autre féduction que celle de fes vertus. En vain
le Prince auquel elle eft unie, en proie à fa vive douleur,
femble réfifter aux douceurs d'une feconde alliance, elle
a cette jufte confiance qui vit au fond du cœur d'une
époufe fidèle, qui fe nourrit dans le filence, & s'accroît
par la modeftie : foumife à fon époux, elle fe confacre
dans la retraite, fans inquiétude, mais fans diftraction,
au foin noble & touchant de le rendre heureux. Larmes
involontaires, qu'elle-même a vu couler! regrets conftans, qui partagiez le cœur d'un Prince fenfible! honorable & légitime fouvenir de l'amour d'une première
époufe, elle ofe vous envifager d'un œil tranquille, comme
le préfage affuré de fon bonheur (1).

Madame la Dauphine avoit toutes les qualités qui
pouvoient toucher une ame fenfible & vertueufe : fage

---

(1) Paroles de Madame la Dauphine
à M. le Dauphin. *Je vois avec plaifir couler
des larmes qui témoignent la fenfibilité
de votre cœur ; elles m'annoncent ce que
je dois efpérer, fi je fuis affez heureufe
pour mériter votre eftime.*

dans le confeil, active dans les affaires, douée de cette chaleur & de cette patience que donne le defir d'être utile, & l'oubli de foi-même, elle joignoit à tant d'avantages cette difcrétion profonde qui récompenfe, encourage & juftifie la confiance; elle avoit entretenu dès fes premières années l'eftime & le goût des arts utiles, & même des arts agréables; elle avoit acquis l'intelligence des langues. Son caractère naturellement férieux, fon efprit ami de la folitude & de la réflexion, fe nourriffoit de l'étude de l'hiftoire : l'attention qu'elle avoit cru devoir à tous les objets dont elle étoit occupée, avoit rendu fa mémoire facile, fa pénétration prompte, & fes connoiffances étendues. Chrétiens, en ornant ainfi fon ame de toutes les perfections dont elle étoit fufceptible, elle croyoit rendre à la religion un hommage plus digne d'elle : fans doute, une ame éclairée eft fon plus beau temple. La fcience de cette religion fainte, devint le principe, le centre, la fin de toutes fes connoiffances, comme elle étoit la fource de toutes fes vertus; elle animoit fes actions, elle refpiroit dans fes difcours; & ce fublime intérêt, partagé par un époux, étoit le lien refpectable & facré qui refferroit encore plus fortement tous les nœuds qui les avoient unis.

Saints Autels, murs facrés de nos Temples, degrés du Sanctuaire, que ne pouvez-vous révéler ces vœux & ces gémiffemens qu'elle ne ceffoit de répandre devant vous! Chaque jour, dépofant l'orgueil de fon état, offrant chaque jour l'hommage de tous ces honneurs auxquels elle aimoit

à se dérober, elle pouvoit dire comme Esther : (1) *Seigneur,*
vous qui connoissez toutes choses, vous savez que je hais la
pompe & la gloire qui m'environnent ; vous savez qu'aux jours
où je suis forcée de paroître dans la magnificence & dans l'eclat,
je déteste ces marques superbes du faste auquel je suis condamnee ;
que je me plais à m'en dépouiller dans les jours de mon silence ;
& que depuis le temps que je fus amenée dans ce palais, jus-
qu'aujourd'hui, je n'ai pris de plaisir qu'aux pratiques de votre
loi, qu'aux augustes solemnités de vos fêtes. C'est dans la
prière assidue qu'elle puisoit ces grâces, céleste & néces-
saire aliment de la vie sévère qu'elle avoit embrassée : car
ne pensez pas qu'elle n'eût point d'obstacles à vaincre.
Ah ! sa vie entière devoit être une guerre sans relâche,
tantôt avec la fortune, & tantôt avec elle-même : elle est
comme l'athlète qui ne sort point de l'arêne ; elle a vécu
pour combattre.

Qui ne sait quelles pensées éblouissantes s'élèvent dans
l'ame d'une jeune Princesse que son rang porte à croire
qu'elle peut tout tenter, sans rien craindre ! Pensées vaines
sans doute, & cependant naturelles à concevoir, quand
l'ambition, maîtresse universelle des Cours, est encore
justifiée par cette fierté secrète, qui semble l'erreur
commune des Princes, que leur raison peut réprimer, que
la religion seule peut détruire. La Dauphine eut besoin de

---

(1) Domine, qui habes omnium scien-
tiam, nosti quia oderim gloriam... tu
scis necessitatem meam, quòd abominer
signum superbiæ & gloriæ meæ quod est
super caput meum in diebus ostentationis
meæ, & detester illud..... & non por-
tem in diebus silentii mei.... & nunquam
lætata sit ancilla tua, ex quo huc translata
sum usque in præsentem diem, nisi in te.
Esther c. 14.

rassembler toutes ses forces pour enchaîner dans l'inaction un caractère ardent, élevé, plus jaloux peut-être du pouvoir que du bonheur même, & capable également de constance ou d'action ; il semble qu'une voix intérieure la retienne & lui dise : « Étrangère sur cette terre, vous
» devez y paroître un moment ; vous ne devez pas l'ha-
» biter ; les Royaumes ne sont point votre partage : quittez
» les longues espérances & les projets ambitieux ; craignez
» de vous perdre dans les soins d'un avenir qui n'est pas fait
» pour vous : le Ciel a d'autres desseins. C'est par le mal-
» heur, & non par le pouvoir, qu'il veut exercer vos vertus :
» songez au sort qui vous attend ; & faites-vous, tandis qu'il
» en est temps encore, une âme qui puisse le supporter ».

L'amour de la dissipation ou des plaisirs, n'altéra point un ordre de vie que l'ambition avoit respecté ; son cœur n'admet que des sentimens nobles : elle a vaincu la seule des illusions humaines qui pût la surprendre, elle n'a plus rien à craindre.

Je sais qu'il existe dans la plupart des hommes une source secrète d'inquiétudes ; un desir fatiguant de se fuir & de s'oublier, qui rend le repos amer & la solitude insupportable : je le sais. Celui que le vice agite ne se suffit point à lui-même ; son bonheur est loin de lui. Mais apprenons à faire usage du temps que le monde dissipe : que l'amour satisfaisant de nos devoirs soit un intérêt constant qui nous anime. La voix de la conscience inquiète ne troublera plus le loisir de nos retraites ; & l'ennui, dont la vie humaine est affligée, n'est le plus

souvent

souvent que le sentiment sourd d'une confcience tourmentée, & d'un cœur mécontent de lui-même.

Auffi, quel charme une fenfibilité jufte que la nature infpire, que la religion confacre, n'a-t-elle point répandu fur les jours de Madame la Dauphine ! Il eft des vertus douces que le Seigneur femble avoir réfervées pour être la récompenfe des autres. Elle retrouva dans fon cœur tous les principes de cette félicité pure que le Ciel avoit préparée pour elle au fein de fa famille ; car c'eft-là, furtout, que le bonheur ne manque point à la vertu.

Occupée de l'éducation de fes enfans, Madame la Dauphine partageoit ces nobles & tendres fonctions que le nom de mère lui rendoit fi chères : elle-même femoit dans l'ame des jeunes Princes les premiers germes de la religion. Pour les fuivre elle-même dans tous leurs progrès, elle s'inftruifoit dans des fciences ignorées de fon fexe. Que ne peut le cœur d'une époufe & d'une mère ! Elle donnoit l'exemple du travail, comme les préceptes de la fageffe ; & chaque jour lui faifant goûter les fruits de fa vertueufe émulation, rendoit fon zèle plus actif, & récompenfoit fa tendreffe.

Auguftes rejetons de tant de Rois, vous n'aviez point à craindre l'éclat de votre naiffance, ni l'élévation fi dangereufe de votre rang : vous n'aviez point à gémir d'être nés Princes. Ceux qui vous donnèrent le jour, ceux à qui la religion, la nature & la loi vous foumirent, préfidoient eux-mêmes à votre éducation ; ils avoient compris que les hommages qu'on vous rend, peuvent aifément étouffer les leçons qui vous inftruifent , & que la feule autorité paternelle peut leur donner le poids néceffaire pour les imprimer fortement dans l'ame des en-fans & des fucceffeurs des Rois.

Ainfi ces refpeétables époux fatisfaifoient à leurs ver-tueux penchans dans le fein de la retraite , dans l'union , dans la paix ; & le charme de cette paix pouvoit même fufpendre les plus juftes douleurs. Heureux , ou confolés l'un par l'autre , ils rendoient grâces au Ciel, qui les avoit unis , & fentoient moins vivement des chagrins toujours partagés. Dix-huit ans fe font écoulés dans l'union la plus intime & la plus égale : foins mutuels, tendreffe inalté-rable, confiance fans bornes, & tous les biens communs, ainfi que les malheurs. Ah! que les Princes apprennent que s'il eft pour eux quelque bonheur dans cette vallée de misère & de larmes , ils le trouveront dans ces mêmes fentimens qui leur font communs avec le refte des hommes : le rang des Rois ne leur donne que des devoirs. Quel feroit leur trifte fort , s'ils n'avoient connu ni le prix d'une fainte & vertueufe union , ni la tendre & libre amitié , ni la confiance fi douce , & quelquefois fi néceffaire, ni ce defir d'être utile , qui fatisfait chaque jour , & chaque jour renaiffant forme la véritable vie du cœur humain : ils feroient les vrais malheureux.

Tendre & précieux intérêt, qui tient unis par des nœuds fi multipliés & fi doux, les époux, les pères , les enfans, les frères ; fource fortunée d'où découlent les rapports infinis qui nous lient aux autres hommes ; c'eft dans le

fein de nos familles que nous puifons ces fentimens de
bienfaifance qui fe répandent fucceffivement fur tout ce
qui nous environne. Nous apprenons à former de tendres
attachemens : la foibleffe attire nos fecours ; les malheurs
font arrofés de nos larmes ; tous nos concitoyens , tous les
hommes nous deviennent chers, & femblent ne former
autour de nous qu'une feule & vaffe famille, dont nous
adoptons les intérêts, dont nous partageons le bonheur.

Craint-on que ces vertus paifibles ne communiquent à
l'ame quelque foibleffe, & que s'oubliant dans le fein du
repos, elle ne pofsède plus en elle-même cette action &
cette force qui réfifte à l'adverfité ? Chrétiens, il faut
l'avouer : tel eft le péril des vertus humaines. Une ame
naturellement honnête fe livre à des penchans heureux ;
& fes actions les plus eftimables, ne font que le fimple
exercice de fes goûts. La Dauphine ne confie pas
ainfi les fentimens de fon cœur & le deftin de fes
jours aux premiers mouvemens, aux caprices incertains
d'une nature foible & changeante : elle envifage un principe plus fixe, plus étendu, plus puiffant ; la loi de Dieu
même, qui tantôt s'oppofe à fes penchans & les foumet,
tantôt les feconde & les règle ; qui forme & perfectionne
fucceffivement toutes les vertus au même degré ; qui les
produit toutes au moment du befoin ; qui les place, pour
ainfi dire, fur la même ligne ; retranche de celles qui
chercheroient à s'étendre aux dépens des autres, l'excès qui les rendroit nuifibles ; ajoute aux fentimens les
plus foibles la force & l'énergie qui leur manque ; &

gouvernant une ame toute entière , peut seule opérer & maintenir parmi les révolutions infinies des âges & des fortunes , une étonnante & pénible uniformité de sentimens & d'actions. Madame la Dauphine n'a jamais connu d'autres loix : elle marche dans les voies du Ciel, & ne s'égare point dans les mouvemens de son cœur. Fille soumise, épouse fidèle, mère attentive , également éloignée des plaisirs & de l'ambition ; vouée dans le sein de la retraite aux pratiques assidues de la piété ; connoissant & les obligations & les périls de son rang, elle remplit tous ses devoirs avec la même exactitude. Toutes les vertus s'unissent & marchent de front dans le chemin de la perfection : plus de barrières qui les séparent : les distinctions que l'influence du caractère & des circonstances établit entre un devoir & un devoir, sont anéanties : on ne reconnoît plus quels sont les sentimens de la nature ; quels sont ceux que la réflexion & l'expérience ont fait naître. La religion ne détruit pas seulement tous les vices ; elle met toutes les vertus sous le joug ; elle les comprime ; elle les étend ; elle les égale toutes sous sa main puissante : elle s'empare de toutes les facultés de l'ame, pour les élever au-dessus de l'humanité. C'est l'arbre tout entier qu'elle déracine ; elle l'arrache avec force du sein de la terre, & le transporte dans une région supérieure, où ne peut atteindre l'inconstance des vents & des orages.

Quand une fois la religion porte une ame à cette hauteur , il n'est plus rien qui puisse l'enfler , rien qui puisse l'amollir, rien qui puisse l'abattre : elle domine au-dessus de fes penchans, de fes vertus ; au-deffus des événemens. Tranquille & maîtreffe d'elle-même, elle ne connoît plus les dangers ; elle ne fent les obftacles que pour en triompher ; & tournant fes malheurs en vertus, elle offre à la terre étonnée ce grand & fublime fpeſtacle, digne de fixer les regards d'un Dieu qui fe complaît dans fon ouvrage ; une ame forte, qui fe mefure avec l'adverfité.

Que le malheur accourre maintenant de toutes parts ; qu'il s'élève tout-à-coup comme un tourbillon impétueux, la Dauphine n'en fera point ébranlée. La religion, qui la rendit infenfible aux faveurs de cette fortune légère, la foutiendra contre fes rigueurs : fa modération fera fa force. L'adverfité n'eſt terrible que pour ceux qu'elle furprend. Elle a fu l'attendre, elle faura la fupporter ; elle apprit au fein de la profpérité même à s'effayer contre le malheur.

Il fut un temps où Madame la Dauphine, tranquille, SECONDE PARTIE. fatisfaite de fon fort, & poffédant cette paix que la vraie piété donne, ne connoiffoit ni les chagrins, ni les inquiétudes ; elle fe voyoit affociée au deſtin de ce Monarque puiffant & bien-aimé, qui pacifioit l'Europe au milieu de fes viƈtoires ; adoptée dans le cœur de la Reine, elle avoit vu difparoître tous les obftacles que les longues inimitiés de deux Maifons rivales pouvoient oppofer à fes vœux, & la fille d'Augufte retrouvoit une feconde mère dans la fille de Staniſlas : les Princeffes fes belles-fœurs, ornement d'une Cour refpeƈtable,

douées de ces vertus & de ces grâces qui raviſſent les hommages des peuples, & leur amour, répandoient par une union dont elle devenoit le centre, un nouvel éclat ſur ſa vie; elle poſſédoit ſans trouble le cœur d'un Prince que chaque jour rendoit plus cher à la Nation. Son heureuſe fécondité multipliant les appuis du Trône autour d'elle, ajoutoit les plus flatteuſes eſpérances aux ſentimens que ſa ſituation faiſoit naître; & la maiſon de ſes pères repoſoit en paix à l'abri d'une alliance puiſſante qui ſembloit enchaîner l'Europe. *Je me croyois*, diſoit-elle, *la plus fortunée de toutes les femmes* : & ſes vertus, & les circonſtances conſpiroient à l'envi pour aſſurer ſon bonheur.

Son bonheur! vain nom que notre bouche prononce, & notre eſprit, aſſailli par le ſouvenir de tant de malheurs, en rétracte auſſi-tôt l'idée. Son bonheur! en eſt-il pour elle ſur la terre? & le repos d'un moment, fatal & dangereux menſonge qui lui cache tous les maux de ſon redoutable avenir, peut-il s'appeler le bonheur? Hélas! tous ces vrais biens qu'elle poſsède, les attachemens de ſon cœur, les ſentimens de la nature, & ſes vertus même, deviendront pour elle une ſource d'afflictions. On diroit qu'elle n'en a gouté les douceurs, que pour en recueillir les amertumes; la plus heureuſe des femmes en ſera la plus malheureuſe, & les ames ſenſibles ne pouront donner aſſez de larmes à ſes infortunes, ni les ames fortes & Chrétiennes aſſez d'éloges à ſon courage.

Que Madame la Dauphine ne ſe repréſente plus l'éclat

paifible & la gloire de fa Maifon; à peine les bruits de guerre fe font entendre, déja la marche rapide d'un peuple nombreux & puiffant a fait trembler la Saxe. O Saxe! ô terre infortunée! *tes ennemis ont été plus agiles & plus prompts que les aigles du Ciel; ils fe font abattus fur tes campagnes, ils ont volé fur tes collines* (1). Pirna, lieu célèbre à jamais par la difgrâce de tes Princes! Pirna devenu tout-à-coup leur feul efpoir & leur afile! qui poura te mettre à l'abri des orages foudains qui fe font raffemblés fur le fommet de tes montagnes? Ni les fecours des Alliés, ni le zèle des Chefs, ni l'ardeur des Soldats frémiffans n'a pu fauver l'Etat; *les villes font dans la confufion, la terre eft dans les larmes* (2): le Roi, les Princes font bannis de leur patrie ravagée, que rien ne peut défendre; & la guerre, confondant les rangs & les malheurs, enveloppe la Reine & les Princeffes dans la défolation générale.

Tant de nouvelles accablantes ne fe fuccèdent point par intervalles; elles fe preffent, elles s'uniffent à la fois pour remplir de trifteffe & d'amertume le cœur de Madame la Dauphine : *Comment ne feroit-elle pas dans la confternation, quand la ville qui renferme le palais de fes pères eft en proie aux ravages* (3), & la majefté de leur Trône abaiffée fous la main qui les frappe? Mais fes

---

(1) Velociores fuerunt perfecutores noftri aquilis Cœli; fuper montes perfecuti funt nos, in deferto infidiati funt nobis. *Threni c.* 4. 19.

(2) Depopulata eft regio, luxit humus. *Joel c.* 1. 10.

(3) Quare non mœreat vultus mens, quia civitas domus fepulchrorum patris mei deferta eft, & portæ ejus combuftæ funt igni. *II. Efdras c.* 2. 3.

vertus croiſſoient avec ſes afflictions ; la plus vive douleur n'admit pas la moindre foibleſſe ; jamais elle n'a montré plus d'activité que dans ces triſtes conjonctures, où ſa fierté ſembloit devoir être abattue ſous les ruines de ſa Maiſon : elle invoque le Dieu des armées ; elle ranime les eſpérances de ſa famille ; elle excite les efforts des Puiſſances alliées ; elle rappelle ſous les drapeaux d'une autre patrie ces fidèles Saxons, qui conſervoient dans leur abaiſſement, avec l'amour pour leur Roi, la haine de ce joug étranger auquel un ennemi terrible vouloit aſſervir leur courage. Il n'eſt pas un de ſes Concitoyens qui, réclamant ſes bontés, n'ait éprouvé ſes bienfaits ; elle s'efforçoit encore de conſoler, par les témoignages de ſa ſenſibilité, ceux dont elle ne pouvoit à ſon gré réparer les misères. De quoi lui ſerviront ſes ſoins généreux ? Au milieu des révolutions infinies qui balancent le ſort des Nations oppoſées, la Saxe ſeule éprouve une humiliation conſtante ; & réduite à pleurer ſur les avantages de tous les partis, elle devient l'affreux champ de bataille où doivent ſe terminer, par des combats & des ravages, ces querelles ſanglantes & mémorables.

Car telle fut la ſuite étonnante de ces alternatives funeſtes & de ces ſuccès auſſi meurtriers qu'incertains ; une ſeule Puiſſance balança les efforts de l'Europe réunie ; tantôt triomphante & tantôt abattue, éprouvant à ſon tour la terreur qu'elle inſpire, ſouvent à deux doigts de ſa perte, ſouvent prête d'écraſer tout ce qui lui réſiſte ; *quelquefois elle reſſemble au torrent qui va diſparoître & ſe*

perdre

perdre au sein des plaines qu'il a ravagées (1) ; quelquefois *elle s'élève comme la mer, avec toutes ses eaux, & se précipitant sur ses bords, semble menacer la terre entière d'une horrible & soudaine inondation* (2) : un flux, un reflux d'espérances & de craintes continuelles, tient l'Allemagne dans l'agitation ; & cette guerre, inutile aux deux Puissances rivales, devient fatale seulement aux malheureux Saxons.

Madame la Dauphine a vu son pays envahi pendant sept ans par une domination étrangère ; elle a vu la paix détruisant toutes ses espérances, & confirmant tous les désastres de la guerre ; elle a vu la fortune acharnée, suscitant au fond du Nord une révolution inattendue, pour arracher à sa Maison ce Trône chancelant que tant de coups avoient ébranlé jusqu'aux fondemens ; elle a vu la mort errante de tous côtés autour d'elle, lui ravissant presqu'à la fois un Père, une Mère, une Sœur, & ce Frère infortuné, qui termina par un règne si court une vie consumée dans les ennuis & les infirmités ; & tandis que tout conspire pour opérer l'abattement prodigieux de toute cette famille auguste, *tandis que le glaive frappe au loin, la mort pénètre au-dedans* (3) ; elle voit expirer dans ses bras son Fils, son premier né, perte amère & cruelle, si vivement sentie par le cœur d'une mère : il

---

(1) Sicut torrens qui raptim transit in convallibus. *Job c. 6. 15.*

(2) Quis est iste ? ...... fluminis instar ascendit, & velut flumina movebuntur fluctus ejus, & dicet : Ascendens, operiam terram. *Jerem. c. 46. 7. 8.*

(3) Foris interficit gladius, & domi mors similis est. *Thr. c. 1. 20.*

D

meurt d'une maladie longue & douloureuse, qui sembloit avoir dévelopé l'ame la plus noble & la plus sensible ; il meurt au sortir de l'enfance, dans cet âge intéressant, où la tendresse maternelle commence à former ses plus douces espérances.

Princesse, vos malheurs étoient grands ; vous en aviez senti *tout le poids*, & vous n'en fûtes point accablée ; votre constance égala votre sensibilité. Mais vous aviez un consolateur ; vous pouviez déposer vos peines, verser vos larmes dans le sein d'un époux. Combien le tendre intérêt que vous lui inspiriez faisoit renaître encore de doux sentimens dans votre ame au milieu de vos longs chagrins ! Vous aviez un consolateur. Ah ! trop malheureuse Princesse ! qui poura peindre l'excès de ses maux, & le sort qui l'attend ? Chaque jour elle voit son époux dépérir sous ses yeux : chaque jour les éloges & les vœux de la patrie entière augmentent le sentiment de sa douleur. Quelquefois elle se laisse tromper par ses desirs : elle se livre à ces joies perfides de l'espérance, qui rendent plus sensible le malheur qui les suit. Bientôt son imagination troublée se replonge dans les terreurs de l'avenir ; & précipitant l'heure fatale, elle s'abyme dans l'horreur de ses pensées. Pendant quatre ans, elle n'a cessé de craindre, espérer, désespérer ; & son ame alarmée a vécu dans les tourmens. Rappelez-vous les derniers temps où ce Prince nous fut montré ; quand il enchantoit les regards de l'Officier & du Soldat ; quand il ravissoit l'amour des François & les hommages de l'Étranger : un cri de

tendreſſe & de reſpeɕt s'éleva du ſein de la Cour, & reten-
tit dans toute la France. Quel cri déchirant pour le cœur
d'une épouſe inquiète, qui n'oſe adopter l'erreur qui nous
flatte! A travers ces foibles couleurs que répand ſur ſon
viſage le ſentiment dont il eſt animé , elle voit ou croit
voir les caraɕtères empreints & la pâleur de la mort qu'il
porte dans ſon ſein ; elle ſonge douloureuſement en elle-
même combien ces vifs témoignages de l'inclination des
peuples pour l'héritier du Trône, ſont juſtes & mérités :
elle enviſage, en retenant des pleurs qui ſont prêts à
couler, le bonheur qu'elle auroit goûté, le malheur qui
la menace ; & ce ſentiment ſi profond du bien qu'elle
poſsède, ne ſert qu'à lui faire meſurer d'avance toute
l'étendue de ſa perte, & la fin de cette triſte carrière
qu'elle doit achever ſans lui.

Pendant tout le cours de cette longue maladie, quel
eſt le douloureux ſentiment qu'elle n'ait point éprouvé ?
quelle eſt la peine étrangère à ſon cœur? Ignorant la
cauſe du mal & l'effet des remèdes ; n'oſant ni donner
ni repouſſer les conſeils ; voyant tous les périls, ſans pouvoir les éloigner ; auſſi malheureuſe, pour ainſi dire, auſſi
déſolée qu'elle puiſſe jamais l'être, elle ſent tous les maux
qu'elle prévoit : elle eſt également déchirée par ſa douleur,
& par le ſoin de la cacher. Il faut qu'elle étouffe ſes ſou-
pirs, qu'elle dévore ſes larmes ; & que ſes regards, at-
tachés ſur le viſage d'un époux, craignent de s'attendrir.
Elle veille ſans ceſſe autour de ce lit, aſile déplorable de
ſes eſpérances & de ſes craintes : elle ne connoît ni les

vaines délicatesses de son sexe, ni la fausse grandeur de son rang : & consumant les jours & les nuits dans des fatigues & des chagrins qui ne permettent ni le sommeil à ses yeux, ni le repos à son cœur, elle immole sa vie aux soins d'une vie si chère.

On ne peut se peindre sans admiration & sans attendrissement, toutes les épreuves cruelles que subit sa tendresse. Dans ces circonstances terribles, où tout espoir étoit détruit, elle avoit le courage de rappeler à son époux les pensées salutaires par lesquelles l'Église, mère toujours attentive, excite la confiance des Fidèles : elle lui présentoit de sa main l'image consolante d'un Dieu mort pour nous : elle sut allier toute la sensibilité de l'épouse la plus affligée, avec cette force que la religion exige quand elle commande de grands sacrifices ; & son époux mourant lui rendit ce noble & triste témoignage, *qu'il n'avoit jamais connu de femme plus tendre ni plus courageuse.*

Hélas ! dans ces premiers momens où la France ne s'entretenoit que des vertus de ce Prince, de ses souffrances & de sa perte ; quand la Nation entière conttemploit avec effroi tant de puissance, tant de grandeur éclipsées, & les espérances que donnoit son jeune âge si promptement ensevelies ; quand la mémoire d'un Prince qui nous fut cher ; quand l'aspect touchant de la Princesse la plus malheureuse & la plus délaissée venoit frapper tous nos esprits, quel homme assez barbare, assez étranger parmi nous, a pu n'être pas attendri jusqu'au fond du cœur ? Ce seul malheur a renouvelé tous les malheurs de Madame

la Dauphine, a r'ouvert toutes fes plaies. Quel fpectacle
effrayant, que celui de fa vie entière! Le paffé, le préfent,
l'avenir jettent également dans fon ame le trouble & l'é-
pouvante. Oh! qui pourra la dédommager de tant de
pertes? A qui confiera-t-elle maintenant les fecrets de fon
ame oppreffée? Quelle main effuiera fes larmes? Quel
cœur recueillera fes foupirs? Ni les foins conftans de la
Famille royale, ni les bontés fi confolantes & fi tendres
d'un Roi, le meilleur & le plus aimé des pères, ne peuvent
adoucir des regrets fi profonds & fi juftes. Tranfportez-
vous au milieu de ce fombre appartement, où la douleur
concentrée en elle-même, ne lève fes regards languiffans
que pour apercevoir de tous côtés les voiles de la mort
étendus autour d'elle. Qu'y verrez-vous? Au fond d'un
oratoire obfcur & folitaire, un Crucifix, la repréfentation
d'un tombeau, le portrait d'un homme qui n'eft plus : &
là, profternée dans fon abattement, une femme mou-
rante, dont les prières & les gémiffemens font l'unique
confolation.

Telle eft la déplorable vie qu'elle a traînée pendant
quinze mois fur la terre. Enfevelie dans fa folitude comme
dans un tombeau, nous l'en avons vu fortir comme une
ombre échapée du féjour des morts, auxquels elle devoit
fitôt fe rejoindre. Eft-il quelqu'un parmi nous qui n'ait
jamais éprouvé de pertes cruelles? La guerre, les maladies,
& mille accidens imprévus qui ravagent nos familles, ne
nous ont-ils jamais enlevé des parens, des frères, des
amis? Qu'on fonge que Madame la Dauphine, fille,

fœur, mère, époufe malheureufe, a réuni dans elle feule toutes les fortes d'afflictions ; tandis que fon humeur altérée, fon caractère abymé dans fes chagrins, & l'habitude d'une retraite entière, la privoient de ces foulagemens même que le cri touchant de la fenfibilité publique affure aux grands malheurs.

Ainfi furent rompus tous les tendres liens qui pouvoient l'attacher à la vie ; & mortellement atteinte jufqu'au fond du cœur, elle-même écarta de fa main tous ces foibles appuis des honneurs & du pouvoir : elle ne connut plus ces defirs, ces projets, ces mouvemens qui fermentent dans le fein des Cours ; ils n'avoient pu la défendre contre fes malheurs ; ils ne purent l'arracher à fes chagrins.

Dieu donc, en cette extrémité, refta feul à cette Princeffe affligée ; & cette main puiffante la foutenoit au-deffus du précipice effrayant que tant d'infortunes avoient creufé fous fes pas. Loin d'ici les ames foibles qui fe confolent ou qui fe défefpèrent ; celles qui n'ont pas la force de fentir leurs maux ; celles qui ne favent pas les fupporter : elles feront le jouet aveugle de l'inconftance des chofes humaines, ou les infortunées victimes d'une fureur infenfée & coupable. Madame la Dauphine a connu tous les degrés de la douleur & du courage ; & cette ame forte, que la Religion avoit rendu fupérieure à la foibleffe humaine, dominoit fur les débris d'une fanté dépériffante, dont les chagrins avoient miné tous les fondemens. La mort de fon époux avoit été l'arrêt de la fienne : l'amertume de fes regrets dévelopa bientôt le germe de cette maladie mortelle, que tant de peines & de tourmens avoient jetée dans fon fein ; & tandis que nos yeux effrayés lifoient fur ce front pâle & flétri l'image du défefpoir & de la mort, fa conduite, égale & foutenue, offroit à notre étonnement le modèle d'une piété tranquille & d'une fageffe inaltérable.

Condamnée à furvivre pendant quelque temps à fon époux, elle a refpecté fes vues & fes defirs ; elle a fu lui rendre le véritable hommage que doit une époufe fidèle à la mémoire d'un homme vertueux. Heureufe de retrouver fes traits dans les traits de fes enfans ; elle fe fit une confolante occupation de graver dans leurs efprits l'empreinte honorable de fes vertus : elle leur a tranfmis le refpectable dépôt des écrits qu'il avoit tracés pour fa propre inftruction. *Je vous les laiffe*, leur écrit-elle en mourant, *comme le monument le plus précieux de l'héritage de votre père : vous y verrez les preuves de fon application, le fruit de fes travaux ; & vous connoîtrez les principes qu'il s'étoit formés fur les matières les plus importantes.* Elle-même compofa pour eux la relation touchante du moment le plus intéreffant de fa vie, *afin qu'ils apprennent*, difoit-elle, *comment les Princes fe font aimer.* Elle recueillit avec foin tous les témoignages de l'eftime & des regrets de la Nation. Dans la nuit de fon deuil, dans l'abyme de fa douleur, elle étoit encore époufe, & mère. Sans doute fi le père de tous les hommes permet les maux qui les affligent, c'eft qu'il exifte au milieu d'eux une religion bienfaifante, qui donne des devoirs, des vertus & des efpérances à l'infortune,

Madame la Dauphine a compris, a pratiqué les leçons de l'adverſité dont les autres hommes ne ſentent que les rigueurs : elle a ſu rendre utiles ces déplorables jours que la foule des malheureux perd dans l'oiſiveté de leurs ennuis & de leurs gémiſſemens.

Les dernières approches d'une mort cruelle & prématurée, n'ont point troublé ſa conſtance ; tout change pour elle ; les malheurs ſuccèdent aux proſpérités, la mort la plus prompte aux malheurs : elle ſeule eſt invariable ; & traverſant courageuſement les erreurs & les maux de la vie, elle marche d'un pas ſage & ferme, juſqu'au terme de ſa carrière : elle a reçu les ſacremens de l'Egliſe avec cette confiance tranquille qui fut la première récompenſe de ſes vertus, de ſes ſouffrances, & de la piété de ſa vie entière. La religion avoit acquis ſur tous ſes ſentimens ce ſouverain empire qu'aucune impreſſion étrangère ne pouvoit affoiblir ni fortifier. Elle n'a pas un moment recherché les éloges des hommes ; ſa fermeté s'annonçoit par ſes actions ; mais ſes paroles n'étoient point remarquables : elle a vu l'heure fatale arriver avec une ſimplicité rare ; & l'ordre de ſes occupations conſtamment ſoutenu, la ſainte uniformité de ſa vie, une prière perſévérante, un ſilence de paix, furent les ſeuls témoignages qui manifeſtèrent le courage ſurnaturel dont elle étoit animée.

Chrétiens ! elle avoit placé ſon eſpoir en lieu plus haut que n'eſt le ſéjour des Rois. La perte des Trônes de la terre ne pouvoit lui ravir ce que leur poſſeſſion ne peut donner.

donner. Elle favoit quelle eft l'erreur de la profpérité, quelles font les bornes du malheur. Qu'importent les avantages, ou les calamités que le temps amène & qu'il diffipe ! Vivre, parcourir cette carrière incertaine & bornée, ce n'eft pas vivre encore, *c'eft fubir une fuite d'épreuves douloureufes qui nous enfantent à la vie* (1). Nous ne fommes point refferrés dans les bornes du temps, *nous fommes les élèves de l'eternité* (2), *les héritiers de Dieu, les cohéritiers de Jefus-Chrift; nous fommes les enfans des Saints, & nous attendons cette vie que Dieu réferve à ceux qui n'ont mis leur confiance qu'en lui* (3). *Les chaumières & les palais qui couvrent la terre, font les tentes où repofent les voyageurs pendant la durée d'une nuit; nous cherchons la cité permanente, & le Royaume qui n'eft point fujet aux changemens* (4). *Sortez, ame immortelle, du milieu des ombres & des illufions* (5). Dieu fe hâte dans fes deffeins; il conduit rapidement fes élus au véritable but de la création; les malheurs qui les affligent, font dans l'économie de cette même Providence qui veut les rendre heureux. *Quels font ceux que l'Ange marque au front du fceau du Dieu vivant? Ce font ceux qui font venus du milieu des tribulations* (6). Mortels,

---

(1) Scimus enim quòd omnis creatura ingemifcit & parturit ufque adhuc. *Rom. c.* 8. 22.

(2) Non habemus hìc manentem civitatem ; fed futuram inquirimus. *Hebr. c.* 13. 14.

(3) Candidati æternitatis. *Tertull.* Hæredes Dei, cohæredes autem Chrifti. *Rom. c.* 8. 17.

(4) Filii Sanctorum fumus & hanc vitam expectamus quam Deus daturus eft his qui fidem fuam numquam mutant ab eo. *Tob. c.* 2. 18.

(5) Egredere, anima Chriftiana, ex hoc mundo.

(6) Et vidi alterum Angelum habentem fignum Dei vivi quoad ufque fignemus fervos Dei noftri.... in frontibus eorum..... Hi funt qui venerunt de tribulatione magnâ. *Apoc. c.* 7. 2. 3. 14.

E

nés pour souffrir & pour mériter, *ces souffrances légères & momentanées seront récompensées sans proportion & sans mesure par un poids éternel de gloire* (1). Laissons le désespoir & la plainte à ceux qui peuvent concentrer leurs desirs dans les limites d'une vie qui passe, & que le cours inconstant de quelques années fugitives, ne trouble point l'état d'une ame que la voix de Dieu même appelle à l'immortelle félicité.

Ainsi, puisse l'exemple de la Princesse la plus religieuse & la plus infortunée, en dissipant l'impression de ces grandeurs périssables, qui ne donnent, ni le bonheur, ni la paix, nous apprendre cette sagesse sublime & vraie que Jesus-Christ vint enseigner à la terre, & qui doit être l'unique consolation de quiconque est malheureux.

―――――――――――――――――――――

(1) Id enim quod in præsenti est momentaneum & leve tribulationis nostræ, supra modum in sublimitate æternum gloriæ pondus operatur. *II. Cor. c. 4. 17.*

F I N.

―――――――――――――――――――――

C O R R E C T I O N S.

Page 3, ligne 25, épreuves, *lisez* épreuve.
Page 5, ligne 27, ôtez le mot *tous*.
Page 11, ligne 7, temps que, *lisez* temps où.